Marius Hoffmann

Marius Hoffmann

Deichspiele

Gedichte

Umschlag: Paul Cézanne (1839-1906) - La Montagne Sainte-Victoire,
von Les Lauves aus gesehen (1902/06), Öl auf Leinwand (Ausschnitt)
Herstellung und Verlag: BoD - Books on Demand, Norderstedt
Printed in Germany
ISBN 978-3-8370-0126-6

Deichspiele

„Vergessen können hängt immer davon ab, wie man sich erinnert; aber wie man sich erinnert, hängt davon ab, wie man die Wirklichkeit erlebt."

(S. Kierkegaard)

Für J.

Wellenlinien

WASSERROSEN

Wie weit

Kannst du den

Wasserrosen

Folgen

VEILCHEN

Glaubst du

Dass die Veilchen

Wüssten wenn

Sie duften

U M A R M T

Welche

Der Rosen

Sind dazu da

Umarmt zu

Werden

DUFT DER ROSE

Es ist

Zu leicht

Ihm bis in die

Hecken zu

Folgen

<u>D A M M B R U C H</u>

Ein
Glück im
Unglück ist
Der Damm-
bruch aus
Blüten

BLÜTEN

Ihr Selbst-
vertrauen folgt
Der Erwar-
tung

N Ä H E R U N G

Im
Nachhinein
Sind Blüten nur
Näherung

ENTSCHEIDUNG

Es
Braucht
Keine Entschei-
dung Gerste oder
Unkraut auszu-
reißen

F R E M D

Die

Iris würde

Ich fragen ob

Sie sich fremd

Vorkommt

V U L K A N

Seltsam

Wenn am Fuß der

Hänge der Grund des

Grüns nicht mehr

Sichtbar

Ist

V U L K A N

Hat
Das Grün
Des Vulkans
Ihn jemals
Verwun-
den

ZWEITE NATUR

Reali-
tät ist kei-
ne zweite
Natur

F R A G E

Kennst

Du ein Tier das

Sich bei dem was es

Tut nicht Mühe

Gäbe

F L U G S C H A U

Verletzte
Vögel sind kein
Teil der Flug-
schau

BLAUE LINSEN

Merkst
Du wenn ein
Albino sie
Trägt

F A U L T I E R

Es ist

Vertan ein

Faultier so

Zu nen-

nen

IM NETZ

Wer
Ist es den
Die Spinne im
Netz nicht
Will

GALÁPAGOS

Von hier
Kann es dich
Nur weg ver-
schlagen

V E R S T E C K S P I E L

Denkst

Du dass die

Muscheln ein

Versteckspiel

Treiben

H O C H W A S S E R

Aus
Sicht der Ein-
tagsfliege dauert
Das Hochwas-
ser ewig

V E R T A N

Es ist ver-
tan Wasser als
Quelle der Über-
schwemmung
Zu betrach-
ten

T R E F F E R

Kein
Pfeil trifft
Das Wasser
Wirklich

GEKALBT

Gekalb-
te Freiräume
Fallen vor dir
Ins Was-
ser

IN STILLEN WASSERN

In
Stillen
Wassern er-
trinkst du
Tief

T A K T I K

Im
Treib-
sand ist
Strampeln
Vertan

EIN SOLCHER

Ersatz

Bricht auf

Von alten

Ufern

E N D G Ü L T I G

Hinter
Dem Grat ist
Der Weg end-
gültig an-
ders

S E L T S A M

Wenn

Du hinter

Dem Horizont

Merkst dass

Du dort

Bist

KEIN STÜCK

Be-
wegung
In Kulissen ist
Noch kein
Stück

V E R W A N D T

Absicht
Und Wirkung
Sind nur ver-
wandt

D U N I C H T

Was weißt du
Von Fragen die du
Nicht stellen
Darfst

A N D E R S

Ein un-
verstande-
ner Hinweis
Heißt an-
ders

G R U N D

Ein unlösbarer
Grund hat besser
Keinen Namen

S P R U N G

Es ist

Zu leicht

Den Sprung

Im Glas nicht

Schön zu

Finden

GESCHWINDIGKEIT

Stimmung braucht
Zeit als Funktion
Gerichteter Dichte

G L E I C H

So gleich

Er auch ist kann es

Doch sein dass im andern

Teil des Regenbogens du

Mehr verlierst als

Gewinnst

ANAMNETISCH

Ein

Flankenlos

Rückwärtiges Stehen

Ohne das künftig ja stets

Nur Vorläufige das

Du nicht wissen

Kannst

K R E D I T

Wahr-

heit lebt vom

Kredit dessen Sinn

Das Zukünftige

Schafft

D E C K U N G

Du weißt

Wenn dein Scheck

Nicht eingelöst

Wird

G R U N D

Ist es

Nicht so dass

Du wenn dir etwas

Regelmäßig geschieht

Nach und nach den

Grund vergisst

BLICK AUF DEN GRUND

Wie

Seltsam dass

Wiederholung im

Alltag dem Schmerz

Den Blick auf den

Grund so leicht

Verstellen

Kann

LOGIK DER STREICHHÖLZER

Es ist absurd an
Eine Bestimmung
Zu glauben die du
In ihr verlierst

K A R T E N H A U S

Es

Kannst

Du nicht

Halten

FANGFRAGE

Weißt du
Wohin du
Gehörst

M E N S C H E N

Seltsam

Dass du kaum

Einen dir selbst

Ausgesucht

Hast

B E Z I E H U N G

Wenn

Eine Differenz

Zum Eindruck das

Gewicht der Wirk-

lichkeit erreicht

Lässt du ihn

Fallen

GLAUBENSFRAGE

Et-
was für
Unmöglich
Zu halten und
Doch Angst
Davor zu
Haben

VERSCHIEDEN

Nicht

Zu wissen wovon

Du sprichst oder anderer

Meinung zu sein ist beides

Verschieden von der

Andern

G E N A U   B E S E H E N

Ist

Es nicht

So dass du auf

Fast alle Fragen die

Antwort nicht

Weißt

S I N N

Wann

Macht es Sinn

Etwas zu wollen

Was du nicht

Kannst

UMSTAND

Zu können
Was du willst
Ist ein anderer
Umstand

VERQUER

Fehlen
Eines in berühr-
ter Wirklichkeit erleb-
ten Korrektivs dann
Verquerer Dia-
lektik

<u>G R Ü B E L E I</u>

Ver-
unrate-
tes Den-
ken

BLINDER FLECK

Das-
Unsichtba-
re brauchst du
Doch nur an-
zuschau-
en

S O N N E N F L E C K E N

Schau sogar die
Sonne hat sie

SEGEL

Können
Sie wissen
Wohin sie
Fahren

<u>S E G E L</u>

Was nützt
Ein Segel aus
Seidenpapier

KINDERSCHUHE

Ent-
wachsen
Trägt barfuß
Laufen solan-
ge der Weg
Leicht
Ist

GOLDENER SCHUH

Es ist

Verschieden

Einen Käufer zu

Finden oder einen

Dem er dann

Passt

SIEBENMEILENSTIEFEL

Was
Wissen Sie-
benmeilenstiefel
Vom Glück der
Unerreich-
barkeit

ZUGEHÖRIGES

In
Einbahn-
straßen bleibt
Es verlo-
ren

A N L A S S

Ein lau-
fender Motor
Braucht nicht
Anzusprin-
gen

<u>S E L T S A M</u>

Ja dass
Du das Feh-
len des Treib-
stoffs sofort
Bemerkst

P A R A D I G M E N W E C H S E L

An
Den Punkt
gelangen nach
Dem Lotsen
Zu fra-
gen

T R A N S Z E N D E N Z

Wie

Eine Lok

Dann auf der

Fahrt ohne

Gleis

HOCHSEIL

Wer
Wird mit sei-
ner Seele auf dem
Hochseil tan-
zen

SEILTÄNZER

Ein
Seiltänzer
Der abbiegt
Ist keiner
Mehr

B A L L E R I N A

Wie

Heißt eine

Ballerina die

Nicht mehr

Tanzt

WUNSCHRING

Wür-
dest du
Den letz-
ten ein-
lösen

ZWÖLFTE FEE

Du musst
Den Märchen
Glauben um ei-
ner zwölften
Zu trauen

ZWEI LÄCHELN

Im Moment
Des Einschlafens dein
Fallfreies Loslassen mit Blick
Auf die Welt im lieb gewonne-
nen Rauschen des Windes im
Getreide im erinnernden
Gold der Weizen-
felder

A N S I C H T

Hast

Du jemandem

Schon zehn Minuten

Lang in die Augen

Geschaut

BLICK IN DIE AUGEN

Kannst du's
Bei dem der
Ihn senkt

KEINE LANDSCHAFT

Jemanden
Lieben und glücklich
Machen sind Blüten und
Früchte desselben
Baums

MIT DEN AUGEN

Falls

Du mit den

Augen liebst

Vergiss nicht

Den Wan-

del

CHAMÄLEON

Wenn du

Deine Gefüh-

le besser kennst

Als der andere die

Seinen solltest du

Wissen wo du

Sie findest

P A R A D O X

Selt-

sam dass

Du nichts dafür

Tun kannst geliebt

Oder nicht geliebt zu

Werden außer die

Chancen zu

Verbes-

sern

WEIL ES DICH GIBT

Glaubst

Du wirklich

Dass Liebe sich

Jemals anders

Bedingen

Könnte

F A L L

Ein unsicht-
barer Fall geliebt
Zu werden wie
Du glaubst

BEDINGT

Weil

Du bist wie

Du bist trägt nur

Bedingt dein

Verhält-

nis

DU DIR

Wenn
Du glaubst dass
Liebe aufhören kann
Musst du dir dann
Nicht miss-
trauen

W I N K

Es ist

Kein Wink

Der Natur nicht

Mit den Augen

Zu lieben

UNBERÜHRBAR

Paral-
lel bleiben
Zwei Leben sich
Auch nah un-
berühr-
bar

T R E N N U N G

Lie-

ben und

Geliebt wer-

den trennt die

Art deines

Einflus-

ses

FEHLER

Nenn

Mir einen

Fehler in der

Liebe der dich

Sie kosten

Könnte

GESPIEGELT

Wie selt-
sam das dich
So sehr Befrem-
dende in den Au-
gen der andern
Gespiegelt zu
Sehen

DIE HERBSTZEITLOSEN

Du wirst

Sie brauchen

Falls du jeman-

den liebst weil

Er dich glück-

lich macht

SINNHAFT EWIGES

Deine

Bewusstheit

Eines dir unvergäng-

lich Präsenten das zwar die

Möglichkeit hat aber nicht un-

bedingt und hier wohl eher

Nicht die Wahrschein-

lichkeit

BESTIMMUNG

Indem deine

Bestimmung ist Geist

Zu sein bist du's nicht

Notwendig auch für

Den Andern

IM BRAUTKLEID

Wer weiß
Ob ein Schnee-
flöckchen lächelt
Im Brautkleid
Der Sonne

SPITZE DES EISBERGS

End-
punkt der
Selbstverwirk-
lichung ohne
den An-
dern

W A H L V E R W A N D T

Es

Bleibt dir

Nur schwer die

Hand dann nicht

Nicht ins Feu-

er zu le-

gen

RÄTSEL

Falls du die
Gründe vergisst
Bleibt der Split-
ter im Blau
Ein Rät-
sel

L O T

Was bin
Ich für dich
Wenn du für
Mich alles
Bist

S E L T S A M

Selt-

sam wenn

Du dann nicht

Weißt ein Herz

Gestohlen zu

Haben

FOLGEFEHLER

Ein
Folgefehler
Weiß nichts von
Seinem An-
fang

DAZWISCHEN

Zwischen
Spät und zu spät
Fällt der fehlen-
de Anfang

B L I C K

Ein Blick
Der nicht in die
Wirklichkeit eintritt
Bleibt gleich einer
Halluzination
Bald wieder
Zurück

S P I E G E L B I L D

Egal

Was du tust

Ein Spiegelbild

Wird dort

Bleiben

IM SPIEGEL

Das

Einsame

Sieht sich

Nicht im

Spiegel

M A R K E N

Eine
Entsinnte
Ordnung ist Ent-
zug jetzt schwin-
delnder Mar-
ken

AUFGABE

Das Feh-
len erkannter Al-
ternativen ist im Ergebnis
Eine Form von Abhängigkeit
Und im bleibenden Ver-
schluss dann wie
Aufgabe

AB DEM MOMENT

Was

Weißt du

Von der Angst

Ab dem Moment

Eine Chance

Zu haben

A B Z U G

Glaubst

Du zu fürchten

Ein Pflaster abzu-

ziehen weil es

Dir weh tun

Würde

A N D E R S

Falls

Eine Wun-

de zur Quelle

Gehört wird der

Verschluss dir

So anders

Spürbar

SCHIMMERNDE BEDINGTHEIT

Du
Brauchst der
Tiefe verwunschener
Wasser durch die erkannt
Dann doch schimmernde Be-
dingtheit die den Schatten
Der Weiden das Boden-
lose nimmt so nicht
Anheimzu-
fallen

SICH AUFSCHAUKELNDE WELLE

Das Schwie-
rige an der Initiierung
Ist das Schaffen einer prä-
zisen und im so Knappen
Punktuell gerichte-
ten Kraft

SCHATTEN

Hast

Du bemerkt

Dass Schatten

Nicht nach

Dir grei-

fen

BLINDER FLECK

Ei-
ne Fra-
ge des Bei-
seitetre-
tens

EIGNUNG

Weißt
Du dass sich
Das gleiche Mit-
tel hier selten da-
zu eignet es zu
Bekämp-
fen

BEDINGUNG DES GLÜCKS

Es
Ist eine
Bedingung
Des Glücks im
Richtigen Mo-
ment etwas
Nicht zu
Tun

S E L T S A M

Ist

Es nicht

Seltsam dass

Glück sich nicht

Verstellen

Kann

G L Ü C K

Wann
War das Glück
Je eine Frage der An-
zahl der Trä-
nen

UNGESCHEHEN

Unge-
weinte Trä-
nen sind nur
Ungesche-
hen

EIN SEE

Wenn hin-
ter den Tränen
Dein Herz liegt
Muss es ein
See sein

SELTSAM

Ist es
Nicht seltsam
Dass erstarrte Trä-
nen dich tra-
gen

OBLIGATORISCH

Wa-
rum fragst
Du ob Wunden
Am Herzen ob-
ligatorisch
Sind

OFFENE STELLE

Was

Würdest

Du tun falls

Ich den Weg zur

Offenen Stelle des

Herzens nicht

Fände

MIT SPRUNG

Ein

Herz mit

Sprung behält

Seine Bestim-

mung

<u>S E L T S A M</u>

Dass die

Berührung

Des Herzens

Im Wie dir

Vertraut

Bleibt

B R U C H

Ein Herz erbricht
Nur sich selbst

AUS DER ZEIT

Was
Weiß Ver-
wünschtes von
Seinem aus der
Zeit gefalle-
nen Be-
zug

VERWÜNSCHT

Ver-
wünsch-
te Perspektiven
Vereinzeln dich in der
Mit deiner umgebenden
Welt jetzt nur schein-
baren Gemein-
schaft

VERWÜNSCHT

Sie
Muss ver-
wünscht sein
Falls in der Frage
Zu zweit noch al-
lein du dich
Fühlst

Z E R R B I L D

Ver-
wünscht-
heit ist Zerr-
bild struktu-
reller Inte-
grität

UNTER WASSER

In-
dem du es
Sagst obgleich
Du es nicht sagst
Bleibt ein Deich-
bild noch un-
ter Was-
ser

D E I C H S P I E L I G E S

Ein

Versteckt

Mehrdeutiger Satz

Hat etwas doch Deich-

spieliges aber so dass

Der eigene Kontext

Nicht gewusst

Werden

Muss

<u>DEICHSPIELE</u>

Falls
In deinen Ge-
danken die offe-
nen Flanken
Verstellt
Sind

STATIK

Per-
sönlich Er-
lebtes ist kein
Teil künstleri-
scher Sta-
tik

NIESMITLUST

Was
Über Nacht
Nicht verwelkt und
Nicht künst-
lich ist

NICHT SICHER

Ver-
gessen und
Sich etwas nicht
Merken sind nicht
Sicher vorein-
ander

ERINNERUNG

Kannst du
Dich erinnern je-
manden geliebt
Zu haben

VERUNGLEICHZEITIGTES

Er-

innerungen

Sind geborgt Ver-

ungleichzeitigtes

Das du nicht zu-

rückzahlen

Kannst

P O S I T I O N

Es bleibt
Riskant zu ab-
schüssigen Erin-
nerungen auf-
zuschauen

E R I N N E R N

Erin-
nern schaut
In zeitsprüngiger
Schräge wie aus ei-
nem Film in die
Wirklich-
keit

SPIELFILM

Spiel

Mit dem dort nur

In Erinnerung haltbaren

Szenischen Moment an dem

Im Realen das unmittelbar

Folgende sich nahtlos

Zu spiegeln

Hätte

S P I E L F I L M

Er mani-
festiert das dort
Stets momentativ Erlebte
Indem sein Inhalt sogleich aus
Der Gegenwart fällt durch Sug-
gestion des Bestands eines
Auslassenden Sprin-
gens

ASPEKT DES BEDINGTEN ENTSTEHENS

Eine
Sich aufschau-
kelnde Welle die nur
Als Konsequenz im Text da-
steht und falls sie passiert eben
Genau so passiert und als har-
monisches Echo bewusst
Gewollt dann doch
Vorhanden
Ist

ASPEKT DES BEDINGTEN ENTSTEHENS

Der Aspekt
Des bedingten Ent-
stehens ist in Bezug auf
Die Tragfähigkeit des Mit-
gefühls im Kreislauf
Des Leidens we-
sentlich

OHNE DICH

Wenn
Du nicht denkst
Was du schreibst oder
Nicht schreibst was du
Denkst bleibt der
Satz ohne
Dich

A N D E R S H E R U M

Nicht zu

Denken was

Du schreibst

Ist das doch

Gefährli-

chere

PERSPEKTIVE

Kennst

Du eine lyrische

Die kann und

Zugleich

Hat

L Y R I K

Eine
Holzschnitt-
arbeit unter ste-
tem Verblasen
Der Spä-
ne

E C H O

Auch
Das Echo
Eines Gedan-
kens hat et-
was von
Ihm

WECHSELSPIEL

Die

Interferenz

Sich überlagernder

Echos im geistigen Fluss ein

Wechselspiel gekalbt treibender

Brüche in neuem dann zuein-

ander sich verhalten-

dem Verhält-

nis

NICHT DAS GESCHRIEBENE

Gespro-
chenes fände
As sichtbare Hand-
lung die Probe an der
An ihm gespiegel-
ten Wirklich-
keit

GESPROCHEN

Gespro-
chene Worte
Versteinern
Nicht

M E H R W E R T

Definierst
Du dich durch
Das worin du
Gut bist

PRAGMATISCHES

Im Bar-
wert die kon-
trollierende Stell-
schraube geis-
tiger Blü-
ten

PROBLEM DES ROMANTISCHEN

Es ist das
Problem des Ro-
mantischen an ein
Maß nicht glau-
ben zu wol-
len

IN DER NACHT

Es ist ris-
kant dann nur
Ans Licht zu
Glauben

UNEIGENTLICHER SELBSTVERLUST

Eine

Paralyse des

Selbst in ein Negativ

In dem sich weiter verschat-

tenden Bewusstsein dessen

Farbigkeit nach einem

Lichtschein sofort

Wieder ver-

blasst

GESCHENK

Die

Nichttragbar-

keit des Dunklen eben

Weil sie in ihr keinen Raum

Hat ist ein Geschenk der

Melancholie bevor

Sie sich ein-

stellt

M E L A N C H O L I E

In der Seele ist
Sie stets eingebunden in
Ein reflexives Abhandensein
In der Unsicherheit eines
Schlechthin hetero-
genen Felds

MELANCHOLIE

In der Musik ist
Sie stets Eingebunden in
Ein reflexives Vorhanden-
sein in der Sicherheit ei-
nes schlechthin homo-
genen Felds

MUSIK

Das Erken-
nen eines bestimmten
Anschlags aus dem hinter der
Intuition dann begriffen definierten
Ensemble als direkten Ausdruck trans-
formierter Identität des eigenen Selbst
In Musik erlebbar gemachter Wirk-
lichkeit in dann notwendi-
ger Konsequenz

AM FLÜGEL

Nicht

Hand sein sondern

Reflektierte Summe des be-

wusst gewordenen Selbst das

Erst dort existentiell und in der

Musik als Mysterium dann

Doch überwunden

Wird

AM FLÜGEL

Wie das

Erst hinter seinen

Grenzen dann wesentlich

Nur in solcher Weise Erfahrbare

Was es von dort als positives Echo

In seiner Reinform zurück in

Das und aus dem Me-

dium zieht

AM FLÜGEL

Im Dort
Der Seele sein
Um das Hier der
Hände die davon
Nichts wissen
Zu verges-
sen

AM FLÜGEL

Vom

Ersten bis

Zum letzten Ton

Und doch zu keiner

Zeit im Klang das

Uneigent-

liche

<u>V E R S T U M M T</u>

Was

Machst du

Wenn die Hände

Verstummt

Sind

SPIELBAR

Tasten

Schräg an der

Felswand sind

Nicht mehr

Spielbar

AUS SICH SELBST

Kein

Gedanke lässt

Sich verteidigen der

Aus sich selbst

Es nicht

Tut

ROSTFREIES

Brauchst

Du einen Beweis

Dass es in der Seele

Eines jeden Rost-

freies geben

Kann

SINNSPRUCH

Wie

Seltsam dass

Ohne gutes Ende nicht

Alles gut gewesen sein kann

Und in der Negation der

Sinnspruch dann

Doch falsch

Ist

P A R A D O X

Falls du
Dich besiegst
Hast du ver-
loren

GEFÜHLTES

Hand
In Hand mit
Dem Alter das
Dich überrun-
det hat

SELTSAM

Ist es

Nicht seltsam

Dass es Menschen

Gibt die von Zu-

kunft träu-

men

IM WOLLKNÄUEL

Im

Wollknäuel

Brauchst du den

Anfang des

Fadens

M E N S C H E N

Wie vie-
le kennst du
Ohne Wunde
Am Her-
zen

F R A G E

Kannst du
Dich geborgen
Fühlen und doch
Nicht zuhause

M E I L E R

Was
Nützt ein Mei-
ler dessen Kraft sein
Schutzschild ver-
braucht

ZECHE

Nach

Der Einfahrt

Hilft es nichts vom

Kohlenstaub ja

Nur zu wis-

sen

AUSSPRACHE

Was weißt
Du von Wirklich-
keit die erst geschieht
Wenn du sie aus-
sprichst

RÜCKKOPPELUNG

Stimm-
bänder lie-
gen so nah
Dem Her-
zen

EWIGES RAUSCHEN

Dein Blut hören
Zu können wäre ein
Ewiges Rauschen

IM SCHLAF

Weißt du wie du

Das machst auch im

Schlaf zu atmen

UNGETEILT

Cha-
risma ist
Ist nur unge-
teilt spür-
bar

ANDERS

Weil du nicht

Bleibst wie du warst

Wird Erinnertes

Doch an-

ders

HANDSCHUHE

Er-
fühl-
tes trägt
Keine Hand-
schuhe

M A J A

Ich

Muss mich

Doch bedanken

Für die Träume die

Ich ohne dich

Nie gehabt

Hätte

MASSSTAB

Maß-
stab sind
Nicht die Ah-
nungslo-
sen

Inhalt

Wasserrosen 7

Veilchen 8

Umarmt 9

Duft der Rose 10

Dammbruch 11

Blüten 12

Näherung 13

Entscheidung 14

Fremd 15

Vulkan 16

Vulkan 17

Zweite Natur 18

Frage 19

Flugschau 20

Blaue Linsen 21

Faultier 22

Im Netz 23

Galápagos 24

Versteckspiel 25

Hochwasser 26

Vertan 27

Treffer 28

Gekalbt 29

In stillen Wassern 30

Taktik 31

Ein solcher 32

Endgültig 33

Seltsam 34

Kein Stück 35

Verwandt 36

Du nicht 37

Anders 38

Grund 39

Sprung 40

Geschwindigkeit 41

Gleich 42

Anamnetisch 43

Kredit 44

Deckung 45

Grund 46

Blick auf den Grund 47

Logik der Streichhölzer 48
Kartenhaus 49
Fangfrage 50
Menschen 51
Beziehung 52
Glaubensfrage 53
Verschieden 54
Genau besehen 55
Sinn 56
Umstand 57
Verquer 58
Grübelei 59
Blinder Fleck 60
Sonnenflecken 61
Segel 62
Segel 63
Kinderschuhe 64
Goldener Schuh 65
Siebenmeilenstiefel 66
Zugehöriges 67
Seltsam 68
Fehlen 69
Paradigmenwechsel 70
Transzendenz 71
Hochseil 72
Seiltänzer 73
Ballerina 74
Wunschring 75
Zwölfte Fee 76
Zwei Lächeln 77
Ansicht 78
Blick in die Augen 79
Keine Landschaft 80
Mit den Augen 81
Chamäleon 82
Paradox 83
Weil es dich gibt 84
Fall 85
Bedingt 86
Du dir 87
Wink 88
Unberührbar 89
Trennung 90

Fehler 91
Gespiegelt 92
Die Herbstzeitlosen 93
Sinnhaft Ewiges 94
Bestimmung 95
Im Brautkleid 96
Spitze des Eisbergs 97
Wahlverwandt 98
Rätsel 99
Lot 100
Seltsam 101
Folgefehler 102
Dazwischen 103
Blick 104
Spiegelbild 105
Im Spiegel 106
Marken 107
Aufgabe 108
Ab dem Moment 109
Abzug 110
Anders 111
Schimmernde Bedingtheit 112
Sich aufschaukelnde Welle 113
Schatten 114
Blinder Fleck 115
Eignung 116
Bedingung des Glücks 117
Seltsam 118
Glück 119
Ungeschehen 120
Ein See 121
Seltsam 122
Obligatorisch 123
Offene Stelle 124
Mit Sprung 125
Seltsam 126
Bruch 127
Aus der Zeit 128
Verwünscht 129
Verwünscht 130
Zerrbild 131
Unter Wasser 132
Deichspieliges 133

Deichspiele 134
Statik 135
Niesmitlust 136
Nicht sicher 137
Erinnerung 138
Verungleichzeitigtes 139
Position 140
Erinnern 141
Spielfilm 142
Spielfilm 143
Aspekt des bedingten Entstehens 144
Aspekt des bedingten Entstehens 145
Ohne dich 146
Andersherum 147
Perspektive 148
Lyrik 149
Echo 150
Wechselspiel 151
Nicht das Geschriebene 152
Gesprochen 153
Mehrwert 154
Pragmatisches 155
Problem des Romantischen 156
In der Nacht 157
Uneigentlicher Selbstverlust 158
Geschenk 159
Melancholie 160
Melancholie 161
Musik 162
Am Flügel 163
Am Flügel 164
Am Flügel 165
Am Flügel 166
Verstummt 167
Spielbar 168
Aus sich selbst 169
Rostfrei 170
Sinnspruch 171
Paradox 172
Gefühltes 173
Seltsam 174
Im Wollknäuel 175
Menschen 176

Frage 177
Meiler 178
Zeche 179
Aussprache 180
Rückkoppelung 181
Ewiges Rauschen 182
Im Schlaf 183
Ungeteilt 184
Anders 185
Handschuhe 186
Maja 187
Maßstab 188

Weitere Gedichte:

Sonnenuntergang auf blondem Hügel
144 Seiten
ISBN 978-3-89811-044-0
Hardcover ISBN 978-3-7357-7565-8

‚Von Bergen fließen Wasser
Weit über die Ufer
Mit dir hinein in ein
So blaues Umarmen'

Zurück ins Land der Pfirsichblüte
140 Seiten
ISBN 978-3-89811-602-2
Hardcover ISBN 978-3-7357-7749-2

‚Jeder Blick, der auf dir weilte,
Strich wie Lächeln durch dein Haar,
Und als ihr Herz dir fühlbar war,
Dann hört es sich das Eine sagen,
Und fängt an, dich heimzutragen.'

Im Blau der Saphire
152 Seiten
ISBN 978-3-8311-2040-6
Hardcover ISBN 978-3-7357-7459-0

‚Weil Du längst weißt
Dass sie einäugig ist

Lässt Du der Schlange
Den Vorteil der Nacht

Im blutwarmen
Wasser'

Honigfalle
156 Seiten
ISBN 978-3-8334-1260-8
Hardcover ISBN 978-3-7357-7534-4

‚Keiner
Weiß

Ob die Fliege
Am Fänger

Weg
Wollte'

Schmetterlingseffekt
160 Seiten
ISBN 978-3-8334-3109-8
Hardcover ISBN 978-3-7357-7535-1

‚Solltest
Du auf

Schmetterlinge
Hören die

Versehrt
Sind'

Lotgänge
176 Seiten
ISBN 978-3-8334-4677-1
Hardcover ISBN 978-3-7357-7543-6

‚Es
Ist vertan die
Ameisen nach dem
Verdienst zu
Fragen'

Blaualgenblüte
200 Seiten
ISBN 978-3-8334-9242-6
Hardcover ISBN 978-3-7357-7741-6

‚Im
Schimmer
Der Blaualgenblüte
Fallen die Schatten der
Weiden nicht tief ins
Verwunschene
Wasser'

Deichspiele
204 Seiten
ISBN 978-3-8370-0126-6
Hardcover ISBN 978-3-7357-7743-0

‚Wie weit
Kannst du den
Wasserrosen
Folgen'

Der Sprung der Delphine
244 Seiten
ISBN 978-3-8370-9707-8
Hardcover ISBN 978-3-7357-7465-1

‚Noch im Vergessen
Ihn vergessen zu haben
Fehlt dir der Schlüssel
Zu ihrem Geheimnis'

Im Echo der Finken
268 Seiten
ISBN 978-3-8423-5852-2
Hardcover ISBN 978-3-7357-6313-6

‚Glaubst du
Dass es die Liebenden
Nicht sähen falls man sich
Mt ihnen keine Mühe
Mehr gäbe‘

Wasserläufer
416 Seiten
ISBN 978-3-8482-0495-3
Hardcover ISBN 978-3-7357-6238-2

‚Bambus
Folgt ihm noch
Schwanger gegen den
Rat sich windstill
Zu lieben‘

Das Glück des Orangenmädchens
484 Seiten
ISBN 978-3-7357-4191-2
Hardcover ISBN 978-3-7357-6170-5

‚Selbst
Wenn es
Dich bittet
Wirst du
Es tun‘

Kompositionen für Klavier:

Klaviermusik Vol. 1, CD
SKW-86211 (51:29)

(Marius Hoffmann:

1. Clair de lune
2. Nocturne
3. Albumblatt
4. Image
5. Étude-Tableau
6. Wiegenlied
7. Poème
8. Poème
9. Angela
10. Prélude d-moll
11. Vision
12. Nachtstück
13. Poem in fis
14. Poème extatique
15. Poem in e
16. Poème-Nocturne)

Klaviermusik Vol. 2, CD
SKW-86212 (58:02)

(Marius Hoffmann:

1. Dreamings
2. Romanze
3. Poème voilé
4. Poème enchanté
5. Méditation sur le nom de Bach
6. Kaleidoskop
7. Hommage à Scriabine
8. Poème fantasque
9. Valse
10. Poème énigmatique
11. Poème
12. Poème rêvé
13. Poème envolé

14. Enigma
15. Vision noctuelle
16. Boîte à musique
17. Lutin
18. Moustique)

Klaviermusik Vol. 3, CD
SKW-86259 (52:05)

(Alexander Skrjabin: ‚Moments intimes‘

1. Poème, op. 32,1
2. Étude, op. 42,4
3. Fragilité, op. 51,1
4. Étude, op. 65,2
5. Poème, op. 69,1
6. Poème, op. 52,1
7. Rêverie, op. 49,3
8. Désir, op. 57,1
9. Poème, op. 59,1
10. Poème fantasque, op. 45,2
11. Caresse dansée, op. 57,2
12. Poème languide, op. 52,3
13. Prélude, op. 48,2
14. Feuillet d'Album, op. 45,1

Marius Hoffmann:

15. Poème mélancolique
16. Étude-Caprice
17. Danse grotesque
18. Impromptu
19. Conte)

Email: Marius.Hoffmann@gmx.de